세상을 향해

하나님의 꿈을 꾸는

_____(이)가 되길

기도하며

딩동! 선물 왔어요

지은이 | 김지연, 박순애
기획 | 차혜란
감수 | 김명옥, 에이랩(ALAF) 아카데미
번역 | 홍혜령
영문 감수 | Atkinson Timothy Vincent
사진 | 한치문
일러스트 | 한성원
작곡 & 녹음 | 홍혜령, 김혜라, 곽성탁, 김예림
오프닝 영상 | 김주경

초판 발행 | 2021. 4. 28
개정판 1쇄 | 2021. 8. 18
개정판 8쇄 | 2024. 11. 15
등록번호 | 제1988-000080호
등록된 곳 | 서울특별시 용산구 서빙고로65길 38
발행처 | 사단법인 두란노서원
영업부 | 2078-3333   FAX | 080-749-3705
출판부 | 2078-3331

책값은 뒤표지에 있습니다.
ISBN 978-89-531-4034-9 03230

독자의 의견을 기다립니다.
tpress@duranno.com   www.duranno.com

두란노서원은 바울 사도가 3차 전도여행 때 에베소에서 성령 받은 제자들을 따로 세워 하나님의 말씀으로 양육하던 장소입니다. 사도행전 19장 8~20절의 정신에 따라 첫째 목회자를 돕는 사역과 평신도를 훈련시키는 사역, 둘째 세계선교(TIM)와 문서선교(단행본·잡지) 사역, 셋째 예수문화 및 경배와 찬양 사역, 그리고 가정·상담 사역 등을 감당하고 있습니다. 1980년 12월 22일에 창립된 두란노서원은 주님 오실 때까지 이 사역들을 계속할 것입니다.

Awesome Life
Awesome Family
기독교 성가치관
프로젝트

5세+

딩동!
선물 왔어요

Ding Dong! Your Present Has Arrived!

김지연, 박순애 지음

두란노

대한예수교장로회총회(통합) 교육자원부에서 15년 이상 공과 교재와 여름성경학교 교재 등 수많은 교재를 개발하고 강의해 온 창의적인 교육 전문가 박순애 목사님과 기독교 성가치관 교육에 앞장서는 김지연 교수님이 하나님이 부여하신 성별에 관한 바른 인식과 성정체성을 세우고자 이 책을 출간했습니다. 담고 있는 내용을 살펴보니 역시 기대를 저버리지 않는 훌륭한 책입니다. 이 책은 미취학 어린이부터 저학년 학생을 비롯해 전국의 교회학교 운영 및 어린이 사역을 하는 사역자들과 교사들에게 꼭 필요하다고 여겨집니다. 4주에 걸친 기독교적 가치관 교육을 위한 교재로 봄이나 겨울성경학교에도 손색이 없습니다. 사용하기에도 매우 적합하고 훌륭한 이 책을 적극 추천합니다.

——————————— 김명옥_예장통합총회 교육훈련처 총무 목사

그리스도인 부모 세대가 다음 세대를 말씀대로 양육하기가 더욱 힘들고 어려운 때입니다. 참된 기독교 성가치관을 세워 주는 이 책은 부모가 먼저 배우고, 아이 눈높이에 맞춰 가르칠 수 있도록 구성되어 있습니다. 하나님의 형상대로 지음받은 소중한 자녀들이 평생 하나님을 사랑하는 길을 걷도록 돕는 좋은 안내자가 되어 줄 것입니다.

——————————— 김병삼_만나교회 담임 목사

우리가 하나님의 질서를 지키는 것은 정말 중요한 일입니다. 한 남자와 한 여자가 만나 가정을 이루는 것은 튼튼하고 아름다운 집을 짓는 것과 같습니다. 이 책은 하나님의 창조 계획을 명확하게 알려 주며, 어린 자녀들이 하나님의 질서를 평생 기억하고 감사하며 살도록 도울 것입니다.

——————————— 김윤희_횃불트리니티신학대학원대학교 총장

5세부터 기독교 성가치관을 효과적으로 가르칠 수 있게 기획된 이 책은 성 전쟁을 치르고 있는 이 시기에 때맞은 선물입니다. 이 책을 통해 우리 자녀들이 건강한 자아상을 확립할 뿐만 아니라 말씀의 울타리 안에서 건강한 가정을 세우고, 궁극적으로 세상에 소망의 빛을 발하는 교회를 세워 가는 일에 쓰임 받을 것을 믿습니다.

——————————— 김한요_얼바인 베델교회 담임 목사

하나님이 만드신 가정과 양성평등의 가치는 다음 세대 자녀들에게 빨리 가르칠수록 좋습니다. 생명의 고귀함으로부터 시작하여 우리 몸과 결혼 및 가정에 관한 성경적 가치를 알기 쉽게 풀어낸 책이 출간되어 기쁘게 추천합니다. 교회와 가정에서 함께 읽고 배움으로써 하나님을 활짝 웃게 해 드리고 싶습니다.

——————————— 류영모_한소망교회 위임 목사, 예장통합 부총회장

가치관이 바로 서야 세상의 어떤 정보를 접해도 바르게 판단하고 휩쓸리지 않기 때문에 어려서부터의 기독교 성가치관 교육은 필수적입니다. 이 책은 하나님이 주신 생명이 소중하듯이 성(性)도 소중하고, 몸도 소중함을 쉽게 설명하고 일깨워 주어 우리 아이들이 기독교 성가치관을 정립하는 데 유익합니다. 이에 이 책을 적극 추천합니다.

——————————— 박용경_도원동교회 위임 목사, CBS 이사

어릴 적에 가정과 생명의 가치를 하나님의 뜻 안에서 잘 알도록 돕는 귀한 책입니다. 한국 교계를 위해 헌신하는 사역자와 출판사를 통해 출간되어 목사와 양육자로서 참으로 안심이 되고 기쁩니다. 이 책이 이 시대 유일한 절대 진리인 성경으로 왜곡된 성가치관을 바로 세우는 일에 귀하게 쓰임 받기를 주님의 이름으로 축복합니다

——————————— 박영호_고신총회 총회장, 창원새순교회 담임 목사

다음 세대를 혼란스럽게 하는 성가치관이 범람하는 시대입니다. 이 책은 어린 자녀들에게 말씀에 근거한 바른 성가치관의 방향을 잡아 주고, 올바른 기준을 세워 줍니다. 누구나 쉽게 가르칠 수 있게 만들어진 교재입니다.

——————————— 서정오_동숭교회 담임 목사

한국을 비롯해 세계 여러 나라의 기독교 성가치관 관련 책을 보아 왔지만, 이 책과 같은 구성과 내용은 접해 보지 못했습니다. 세상의 가치관이 나이 어린 자녀들에게 점점 더 파고들고 있는 이때, 이 책이 하나님이 귀하게 쓰시는 도구가 되리라 믿고 적극 추천합니다.

——————————— 송광옥_선교사, 세계선교사회 전 회장, 여성선교사회 전 회장

이 책은 세상을 탐색하고 알아 가는 어린이들이 성경을 토대로 성가치관과 성정체성을 형성해 가도록 안내하는 교재입니다. 해당 어린이의 수준에 맞는 재미있는 활동, 이야기, 노래 등을 바탕으로 어린이들이 기독교 성가치관을 자연스럽게 습득할 수 있도록 돕는다는 것이 이 교재의 최대 장점입니다. 어린이가 건강한 성정체성을 형성하며 성장하기를 바라는 모든 교회와 교육 기관과 기독교 가정에 이 책을 적극 추천합니다.
— 양금희_장로회신학대학교 기독교교육과 교수

오늘날 우리 자녀들은 성가치관이 크게 흔들리는 시대에 살고 있습니다. 《딩동! 선물 왔어요》는 성가치관 분야에서 하나님께 크게 쓰임 받고 있는 김지연 대표와 어린이 공과 교재 분야의 전문가인 박순애 목사가 힘을 합해 집필한 '기독교 성가치관' 공과 교재입니다. 모든 교회와 가정에서 우리 자녀들이 어릴 때부터 말씀에 기초한 올바른 성교육을 받는 데 큰 도움이 될 것입니다.
— 유기성_선한목자교회 담임 목사

세월이 지날수록 우리는 악이 범람하는 현실 속에 살고 있습니다. 무엇보다 성가치관은 아주 효과적이고 강력하게 우리와 다음 세대를 공격합니다. 그러면 어떻게 해야 할까요? 이 책은 그 해답이 될 것입니다. 다음 세대를 위해, 거룩한 성가치관을 세우기 위해 이 책이 사용될 것입니다.
— 이규현_수영로교회 담임 목사

근현대 들어 지금처럼 기독교적 가치가 도전받은 때가 있었던가요? 현 시대는 총성이 울리지 않는 거대한 가치관 전쟁터와도 같습니다. 세상은 보이지 않게 혹은 노골적으로 "너만의 진리대로 살라"는 가치관을 주입하고 있습니다. 부모 세대인 우리가 자녀들을 성경적 가치관으로 가르치지 않는다면 교회에 미래는 없습니다. 이 책은 어린 나이의 자녀가 말씀에 기초한 성가치관을 스스로 형성해 가도록 돕는 강력한 도구가 될 것입니다.
— 이상명_미주장로회신학대학교 총장

'기쁨의 별', 에덴동산에서 창조된 하나님의 최고의 선물은 아담과 하와입니다. 남자와 여자로 창조된 아담과 하와가 결혼하여 한 팀이 되어 절제하는 삶을 살 때 모든 만물에 최고의 선물이 될 수 있다는 메시지를 담은 이 책은 성 윤리가 혼탁해진 이 시대에 꼭 필요한 선물입니다.
— 이은용_선교사, 한인세계선교사회(KWMF) 사무총장

이 시대 사탄의 주요한 무기는 성가치관을 혼돈에 빠뜨리는 것입니다. 세속적인 교육은 시대의 흐름이라는 명목으로 하나님의 창조 질서를 무너뜨리고 있습니다. 이러한 시대에 기독교 성정체성을 수호하고, 어린 자녀들에게 올바른 성가치관을 심어 주는 것은 매우 중요한 일입니다. 이 책이 그러한 사명을 잘 감당해 주리라 믿어 추천합니다.
— 이재훈_온누리교회 담임 목사

지금의 미국 공교육은 유치원 때부터 젠더의 무한한 가능성에 관해 가르침으로써 아이들에게 성정체성에 관한 혼란을 안겨 주고 있습니다. 자녀가 어릴 때, 누가 먼저 어떤 내용으로 성정체성을 가르쳐 확립하게 돕는가가 매우 중요합니다. 어린 자녀가 이 책을 통해 하나님이 사람을 어떻게 자기 형상대로 남자와 여자로 구별하여 만드셨는지를 배운다면, 하나님이 만드신 남자와 여자의 성별은 우리에게 주신 가장 큰 선물이며 결코 변할 수 없는 것임을 배우게 되리라 확신합니다. 영문이 곁들여져 있어서 미국의 한인 교회에도 큰 도움이 되리라고 생각합니다.
— 이진아_얼바인 베델교회 교회학교 디렉터,
남가주 다음세대지키기 대표

인본주의에 기초한 교육과 자극적인 영상이 난무하여 아이들로 하여금 가치관을 혼란스럽게 하고, 예수님과 멀어지게 하는 혼탁한 때입니다. 《딩동! 선물 왔어요》는 '창조 신앙'을 근거로 아이들에게 바른 성가치관에 대한 튼튼한 기준을 세워 줍니다.
— 이찬수_분당우리교회 담임 목사

《딩동! 선물 왔어요》는 하나님 안에서 진짜로 행복한 삶을 꿈꾸는 어린이들을 위한 선물, 교회학교 교사들을 위한 선물, 무엇보다도 신앙의 부모들을 위한 소중한 선물입니다.

———————— 장순애_영남신학대학교 기독교교육학과 학과장

예레미야 선지자가 바벨론에 포로로 잡혀가는 어린 자녀들을 보며 "슬프다 이 성이여"(애 1:1)라고 탄식한 때처럼, 우리는 지금 젊은 세대와 자녀들을 그릇된 세상 가치관에 빼앗기고 있습니다. 하나님의 창조 질서와 바른 기독교 성가치관을 알리는 이 책을 통해 세상으로 떠났던 다음 세대들의 귀환과 온전한 회복을 기대해 봅니다.

———————— 최상헌_장로, 예장통합 남선교회 전국연합회 전 회장

어린 자녀들이 하나님의 창조, 생명의 존엄성, 남녀 성별의 차이, 그리고 결혼과 가정의 성경적 정의 등을 쉽고 재미있게 습득할 수 있도록 만든 책입니다. 성적으로 혼탁하고 진리가 왜곡된 이 시대에 부모님과 교회학교 교사에게 큰 도움이 될 책이기에 적극 추천합니다.

———————— 최성은_지구촌교회 담임 목사

다음 세대를 가르치는 교사들과 유아들에게 쉽게 성경적으로 성정체성을 가르칠 수 있는 좋은 책을 바라고 있었는데 때마침 이 책이 출간되어 기쁩니다. 이 책은 유아와 교사뿐만이 아니라 부모 교육에도 큰 도움이 되리라 생각됩니다. 또 이 책을 통해 전 세계 다음 세대들에게 복음의 씨앗이 바르게 심기길 바랍니다. 수고하신 집필진에게 감사를 드립니다.

———————— 황금옥_한국기독교유아교육연합회 회장

예전에 유치원에 다니는 손녀가 제 엄마에게 하는 이야기를 들은 적이 있습니다. "엄마! 친구들이 그러는데, 남자도 남자랑 결혼할 수 있고, 여자도 여자랑 결혼할 수 있대! 결혼은 누구랑 하든지 자기 마음대로 선택할 수 있는 거래!" 우리의 자녀들, 다음 세대에게 말씀에 입각한 성교육을 어떻게 시킬까 하는 심각한 고민이 시작된 순간이었습니다. 이와 같은 문제로 고민하는 부모님, 교회학교 교사, 모든 그리스도인에게 이 책을 소개하고 싶습니다.

———————— 황성은_창동염광교회 위임 목사

Contents

교사에게 두드림

오늘날 그리스도인들은 가치관이 혼탁한 시대를 살아가고 있습니다. 특별히 성가치관이 크게 흔들리고 있습니다. 다음 세대가 하나님과 사람들에게 사랑스러운 존재로 자라가기를 꿈꾸며 양육하는 교사는 이들에게 기독교 성가치관을 전수해야 할 막중한 사명을 부여받았습니다.

《딩동! 선물 왔어요》는 기독교 성가치관을 가르치는 공과 교재로서 그리스도인 가정에서 자라는 아이들이 하나님과 세상을 향하여 꿈꾸며, 하나님을 위해 자신을 드리는 사명자로 자라가도록 가르칩니다. 즉 기독교 성가치관 교육을 통해 '꿈(Dream)과 헌신(드림)'이라는 두 가지 의미의 "드림"을 성취하는 것이 목적입니다. 교사의 마음에 다음 세대를 위한 두 "드림"의 비전이 공명하기를 기도합니다.

비전

Direction
삶의 방향

다음 세대가 결혼, 가정, 생명 등에 관해 성경에 기록된 하나님의 창조 목적에 맞는 가치관을 확립할 수 있도록 돕습니다.

Reflection
하나님의 형상을 투영

다음 세대가 거룩하신 하나님을 세상에 투영하는 삶을 살며 하나님이 주시는 꿈을 향해 나아가도록 돕습니다.

Evangelicalism
복음적 정체성 확립

다음 세대가 하나님이 선물로 주신 결혼과 임신의 소중함을 발견하고, 신체적·정신적 발달에 따라 나타나는 특징과 성별 역할을 성경에서 찾아보고 올바로 인지하도록 돕습니다.

Affection
사랑(애정)을 전함

다음 세대가 인간은 하나님의 사랑과 꿈으로 창조되었으며 독생자 예수 그리스도를 십자가에서 대신 죽게 하실 정도로 사랑받는 존재임을 깨닫게 합니다.

Management
말씀대로 경영

다음 세대가 우리 몸은 하나님의 성전이므로 항상 거룩하게 지켜야 하며 삶의 모든 영역에서 진리의 말씀으로 악과 싸우고, 세상을 변화시키는 역할을 감당해야 함을 배우게 합니다.

구성과 활용법

《딩동! 선물 왔어요》는 총 4개 과로 구성되었으며, 전체 주제는 우리가 받은 생명과 성별은 하나님이 주신 선물이라는 것입니다. 과마다 다음 순서대로 '라라라라' 노래를 흥얼거리듯 즐겁게 진행해 주십시오.

모여라
도입 활동

▶

펼쳐라
성경 이야기

▶

활동하라
적용 활동

▶

기도하라
성령님의 도우심을 간구

Chapter 1

[생명]

키워드

각 과의 중심 주제를 한 단어로 표현했으며 아이들이 따라 쓸 수 있습니다.

제목

각 과의 핵심 주제를 담았습니다.

목표

각 과가 지향하는 바를 좀 더 자세히 풀었습니다.

핵심 주제

각 과의 주제를 배우기 위한 구체적인 활동 방향을 제시합니다.

암송송

핵심 메시지가 담긴 성경 구절을 노래로 익힐 수 있습니다.

딩동송

주제가 <딩동! 선물 왔어요>의 오디오 파일을 실행할 수 있습니다.

웰컴 박스

아이들의 흥미를 유발하는 선물 상자입니다.

---

(2)

1과 하나님이 생명을 만드셨어요!
GOD CREATED LIFE

'하나님이 모든 생명을 창조하셨어요!'
우리는 모두 하나님의 형상대로 창조된 소중한 생명임을 알고 깨달아
태아의 생명도 소중하게 여기고 지켜 가는 삶을 살도록 가르쳐 주세요.

암송 말씀: 하나님이 자기 형상 곧 하나님의 형상대로 사람을 창조하시되(창세기 1:27상)
So God created man in his own image, in the image of God he created him.

사람을 창조하시고 생명을 주신 하나님을 경외하며 생명을 존중하는 자세를 가르칩니다. 생명의 주인은 하나님입니다. 그 어떤 사람의 생명도 임의로 죽여서는 안 된다는 사실을 분명히 가르쳐야 합니다. 우리는 모두 하나님께서 친히 당신의 형상대로 만드신 존재이기 때문입니다. 특히 엄마의 배 속에 있는 태아도 우리와 같이 소중한 생명임을 알게 하고, 그 생명을 지켜 가야 함을 가르쳐 주십시오. 본문에서 '낙태'에 관해 직설적으로 언급하지는 않지만, 하나님께서 우리에게 맡기신 태아의 생명을 우리가 임의로 죽일 수 없음을 확실히 알게 해 주십시오.

 모여라 LET'S GATHER

무엇이 들어 있을까요? <촉감 편>
What lies inside the Welcome Box? <Gifts of Touch>

＊준비물과 진행 방법
❶ 공과 전에 다양한 촉감을 느낄 수 있는 물건들(예. 인형, 연필, 솔 등)을 웰컴 박스에 넣어 준비해 주세요.
❷ 딩동송을 부르며 아이들을 환영해 주세요.
❸ 웰컴 박스에 손을 넣어 선물의 촉감을 느끼게 해 주세요.
❹ 촉감 선물을 주신 하나님께 감사 기도를 드린 후 '펼쳐라'를 시작하세요.

18

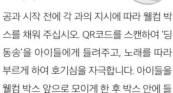

 모여라

공과 시작 전에 각 과의 지시에 따라 웰컴 박스를 채워 주십시오. QR코드를 스캔하여 '딩동송'을 아이들에게 들려주고, 노래를 따라 부르게 하여 호기심을 자극합니다. 아이들을 웰컴 박스 앞으로 모이게 한 후 박스 안에 들어 있는 선물들을 고르게 하십시오.

· 1과(촉감): 촉감과 관련된 활동을 합니다. 다양한 촉감의 선물들을 통해 하나님이 만드신 창조 세계를 찬양하도록 했습니다.
· 2과(색깔): 시각과 관련된 활동을 합니다. 다양한 색깔의 선물들을 통해 성염색체를 쉽게 기억하도록 했습니다.
· 3과(한 쌍): 쌍(짝)을 찾아보는 활동을 합니다. 한 쌍을 이루는 선물들을 고르면서 남자와 여자가 쌍을 이루어야 함을 배웁니다.
· 4과(미각): 욕구를 다스리는 활동을 합니다. 미각 활동을 통해 우리 눈에 먹음직하고 보암직도 한 음란물을 어떻게 대해야 할지를 배웁니다.

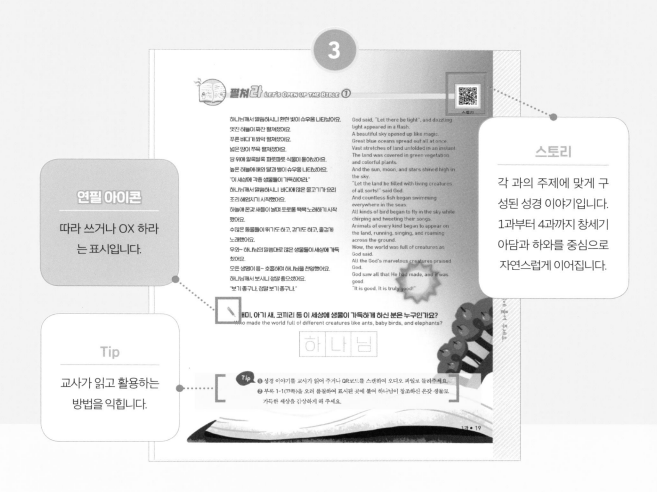

연필 아이콘

따라 쓰거나 OX 하라
는 표시입니다.

Tip

교사가 읽고 활용하는
방법을 익힙니다.

스토리

각 과의 주제에 맞게 구
성된 성경 이야기입니다.
1과부터 4과까지 창세기
아담과 하와를 중심으로
자연스럽게 이어집니다.

펼쳐라

성경 이야기를 듣고 읽는 시간입니다. 이야기를 읽거나 들은 후에 그 내용을 점검하는 문제를 풀며, 성경이 들려주는
기독교 성가치관을 배웁니다. 교사가 직접 읽어 주거나 QR코드를 스캔하여 들려줄 수 있습니다.

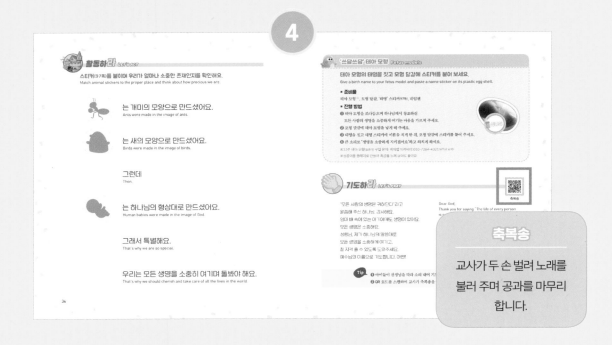

활동하라

각 과에서 배운 주제를 상기하며 아이들
이 적용해 보는 시간입니다.

- 1과: 태아 모형의 태명을 지어 주고, 태아 모형을 보듬어 주는 등 촉감 활동을 통해
  생명을 소중히 여기는 태도를 배웁니다.
- 2과: 가족의 성별에 따른 성염색체를 맞혀 보고, 알록달록한 모루로 성염색체를
  만들어 봅니다.
- 3과: 결혼은 한 남자와 한 여자가 하는 것임을 확인하며, 칠교놀이를 하면서 말씀
  을 암송해 봅니다.
- 4과: 아이가 음란물을 접하게 될 때, 말씀을 암송하며 절제할 수 있도록 말씀 액자
  를 만들어 봅니다.

기도하라

공과를 마무리하는 시간입니다. 아이와 손을 잡고 기도문을 읽으며 함께 기도합니다. 공과 시간 내내 성령님의 임재하심을 감사할
뿐만 아니라 특별히 아이들이 기독교 성가치관을 정립하고, 배운 가치관대로 살아갈 수 있도록 성령님의 인도하심을 간구하며 마무리합니다.

이 책의 특징

《딩동! 선물 왔어요》는 5세 이상의 어린이들에게 기독교 성가치관을 심어 주고자 하는 모든 교회와 가정에서 사용할 수 있습니다. 소요 시간은 과마다 1시간에서 1시간 30분 정도입니다.

❶
이 책은 학생용과 교사용을 통합한 교재입니다.
곳곳에 교사를 위한 팁 **Tip** 이 있어 한눈에 보고 손쉽게 가르칠 수 있습니다.

❷
봄 또는 겨울 성경학교, 단기 훈련 캠프, 선교지 등에서 활용할 수 있습니다.

❸
자녀에게 기독교 성가치관을 심어 주고자 하는 가정에서 엄마와 아빠가 직접 가르칠 수 있도록 쉽게 구성했습니다.

❹
직관적으로 알아볼 수 있는 활동 아이콘을 넣었습니다

❺
주요 본문은 국문과 영문을 함께 표기함으로써 국제적으로 활용할 수 있습니다.

❻
QR코드 스캔을 통해 각 과의 주제에 맞는 오프닝 영상, 암송 말씀 챈트, 성경 이야기 구연, 축복 찬양 등의 자료를 제공받을 수 있습니다.

딩동송

작사 박순애
작곡 홍혜령

딩 동 딩 동   딩 동 딩 동   딩 동 딩 동   딩 동 딩 동

딩동딩동 선물 왔어요!   딩 동 딩 동 딩 동 딩 동 선물 왔어요!   알록달록 보들보들 딩동! 딩동!

새콤달콤 세모네모 딩동! 딩동!   알록달록 보들보들 새콤달콤 세모네모 우리우리 주님 - 선물

축복송

작사 박순애
작곡 홍혜령

Chapter 1
Life

생명

오프닝

1과 하나님이 생명을 만드셨어요!

GOD CREATED LIFE

암송송

'하나님이 모든 생명을 창조하셨어요!'
우리는 모두 하나님의 형상대로 창조된 소중한 생명임을 알고 깨달아
태아의 생명도 소중하게 여기고 지켜 가는 삶을 살도록 가르쳐 주세요.

암송 말씀: 하나님이 자기 형상 곧 하나님의 형상대로 사람을 창조하시되(창세기 1:27상)

So God created man in his own image, in the image of God he created him. [Genesis 1:27a]

사람을 창조하시고 생명을 주신 하나님을 경외하며 생명을 존중하는 자세를 가르칩니다. 생명의 주인은 하나님입니다. 그 어떤 사람의 생명도 임의로 죽여서는 안 된다는 사실을 분명히 가르쳐야 합니다. 우리는 모두 하나님께서 친히 당신의 형상대로 만드신 존재이기 때문입니다. 특히 엄마의 배 속에 있는 태아도 우리와 같이 소중한 생명임을 알게 하고, 그 생명을 지켜 가야 함을 가르쳐 주십시오. 본문에서 '낙태'에 관해 직설적으로 언급하지는 않지만, 하나님께서 우리에게 맡기신 태아의 생명을 우리가 임의로 죽일 수 없음을 확실히 알게 해 주십시오.

모여라 LET'S GATHER

딩동송

무엇이 들어 있을까요? 〈촉감 편〉
What lies inside the Welcome Box? 〈Gifts of Touch〉

*준비물과 진행 방법

❶ 공과 전에 다양한 촉감을 느낄 수 있는 물건들(예. 인형, 연필, 흙 등)을 웰컴 박스에 넣어 준비해 주세요.

❷ 딩동송을 부르며 아이들을 환영해 주세요.

❸ 웰컴 박스에 손을 넣어 선물의 촉감을 느끼게 해 주세요.

❹ 촉감 선물을 주신 하나님께 감사 기도를 드린 후 '펼쳐라'를 시작하세요.

설렘으로 가슴이 두근두근, 콩닥콩닥

웰컴 박스

펼쳐라 LET'S OPEN UP THE BIBLE ①

스토리

하나님께서 말씀하시니 환한 빛이 슈우웅 나타났어요.

멋진 하늘이 짜잔 펼쳐졌어요.

푸른 바다가 쫘악 펼쳐졌어요.

넓은 땅이 쭈욱 펼쳐졌어요.

땅 위에 알록달록 파릇파릇 식물이 돋아났어요.

높은 하늘에 해와 달과 별이 슈우웅 나타났어요.

"이 세상에 각종 생물들이 가득하여라."

하나님께서 말씀하시니 바다에 많은 물고기가 요리 조리 헤엄치기 시작했어요.

하늘에 온갖 새들이 날며 쪼로롱 짹짹 노래하기 시작했어요.

수많은 동물들이 뛰기도 하고, 걷기도 하고, 즐겁게 노래했어요.

우와~ 하나님의 말씀대로 많은 생물들이 세상에 가득 찼어요.

모든 생명이 음~ 호흡하며 하나님을 찬양했어요.

하나님께서 보시니 정말 좋으셨어요.

"보기 좋구나, 정말 보기 좋구나."

God said, "Let there be light", and dazzling light appeared in a flash.
A beautiful sky opened up like magic.
Great blue oceans spread out all at once.
Vast stretches of land unfolded in an instant.
The land was covered in green vegetation and colorful plants.
And the sun, moon, and stars shined high in the sky.
"Let the land be filled with living creatures of all sorts!" said God.
And countless fish began swimming everywhere in the seas.
All kinds of bird began to fly in the sky while chirping and tweeting their songs.
Animals of every kind began to appear on the land, running, singing, and roaming across the ground.
Wow, the world was full of creatures as God said.
All the God's marvelous creatures praised God.
God saw all that He had made, and it was good.
"It is good. It is truly good!"

개미, 아기 새, 코끼리 등 이 세상에 생물이 가득하게 하신 분은 누구인가요?
Who made the world full of different creatures like ants, baby birds, and elephants?

 Tip ❶ 성경 이야기를 교사가 읽어 주거나 QR코드를 스캔하여 오디오 파일로 들려주세요.

❷ 부록 1-1(77쪽)을 오려 풀칠하여 표시된 곳에 붙여 하나님이 창조하신 온갖 생물로 가득한 세상을 감상하게 해 주세요.

아래 접은 부분을 1-1(77쪽)을 오린 뒤 풀칠하여 이 자리에 붙여 주세요.

동그라미 안에 동그라미!

A circle in another circle!

무엇일까요?

What could it be?

우리 눈일까요?

Is it your eye?

우리 눈이 아니라면

If not,

무엇일까요?

what could it be?

아하! 개미군요. 영차영차~~
Aha! It's an ant. Yo-heave-ho! Yo-heave-ho!

오늘도 열심히 일하는 개미들, 반가워요.
Hey, hard-working ants! Nice to see you!

이렇게 멋진 개미들을 만날 때
When you run into ants,

나는 어떻게 하나요?
what do you do?

Tip 아이가 실제 개미에게 했던 행동에 관해 이야기 나누어 보세요.

작은 개미들을 살아 움직이게 하신 하나님,

God gave life to these little ants.

생명은 신비로워요.

Life is full of wonders!

동그라미 안에 동그라미!

A circle in another circle again!

무엇일까요?

What would it be?

개미를 또 만날까요?

Is it an ant again?

개미가 아니라면

If it's not an ant,

무엇일까요?

what could it be?

나는 어미 새야!
I'm a mommy bird!

아하!

Aha!

아기 새로군요.

It's a baby bird!

그런데 둥지가 곧 허물어질 것 같아요.

Then its nest is about to fall apart.

나는 아기 새야!
I'm a baby bird!

풀칠 풀칠 풀칠 풀칠

아기 새가 건강하게 쑥쑥 자라서

Take the nest from page 89, and paste it here,

어미 새, 아빠 새가 되어 또 다른 아기 새들을 낳을 수 있도록

to help this baby bird grow up into a fine parent

새 둥지 그림(89쪽)을 뜯어서 붙여 주세요.

to raise its own young.

아기 새가 자라 또 다른 아기 새들을 낳게 하시는 하나님,

God lets baby birds grow up to raise their own young.

생명은 신비로워요.

Life is full of wonders!

 **펼쳐라** LET'S OPEN UP THE BIBLE ②

스토리

하나님께서 말씀하셨어요.
"우리의 형상대로, 우리의 모양대로 사람을 만들자."
하나님께서 사랑을 담아 손수 하나님의 형상대로
아담을 만드셨어요.
이렇게 아담이 생명을 얻었어요.
하나님께서 사랑을 담아 손수 하나님의 형상대로
하와를 만드셨어요.
이렇게 하와가 생명을 얻었어요.
하나님께서 말씀하셨어요.
"아담과 하와를 통해 생명이 이 세상에 가득하여라."
"네네. 하나님의 말씀대로 생명을 가득하게 하겠어요."
아담과 하와가 기쁨으로 대답했어요.

God said, "Let us make man in our image after our likeness."
God created man, Adam, in His own image.
And Adam became a living person.
God also created woman, Eve, in His own image.
So Eve became a living person.
God said, "I will let the world be filled with life through Adam and Eve."
"Yes! we will make the world full of life!" answered Adam and Eve with delighted hearts.

"우리는 하나님의 형 상 대로 만들어졌어요.

We were created in the image of God.

그래서 가장 멋진 생명이에요."

So we are the most wonderful creatures of all.

Tip ❶ 성경 이야기를 교사가 읽어 주거나 QR코드를 스캔하여 오디오 파일로 들려주세요.
❷ 부록 1-3(79쪽)을 오려 풀칠하여 표시된 곳에 붙여 "하나님이 창조하신 세계"를 완성한 뒤,
'아담과 하와' 스티커 (97쪽)를 붙이게 해 주세요.

아담과 하와에 부록 1-3(79쪽)을 오린 뒤 풀칠하여 이 자리에 붙여 주세요.

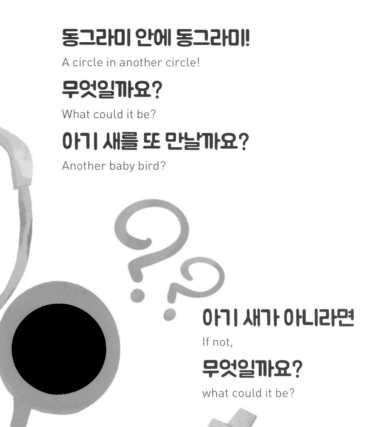

동그라미 안에 동그라미!
A circle in another circle!

무엇일까요?
What could it be?

아기 새를 또 만날까요?
Another baby bird?

아기 새가 아니라면
If not,

무엇일까요?
what could it be?

오~ 엄마 배 속이군요.
Oh~ It's a mom's womb.

하나님이 선물로 주신 태아가
A baby is God's precious gift.

엄마의 배 속에서 건강하게 자라
Please help the baby to grow healthy in its mommy's tummy

응애응애~ 태어날 수 있도록 도와주세요.
until it is born.

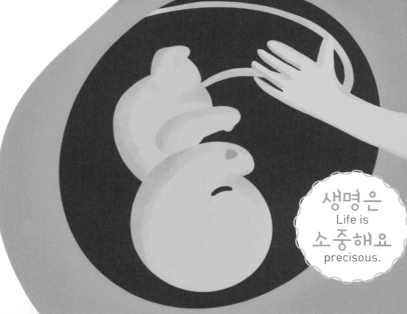

생명은
Life is
소중해요
precisous.

"하나님이 자기 형상 곧 하나님의 형상대로 사람을 창조하시되"(창세기 1:27상).
So God created man in his own image, in the image of God he created him. [Genesis 1:27a]

Tip 위의 말씀을 읽고 태아의 생명이 왜 소중한지에 관해 이야기를 나눈 후, 소중한 생명이 잘 자라도록
"생명은 소중해요"라고 큰 소리로 따라 하게 하세요.

스티커(97쪽)를 붙이며 우리가 얼마나 소중한 존재인지를 확인해요.

Match animal stickers to the proper place and think about how precious we are.

 는 개미의 모양으로 만드셨어요.

Ants were made in the image of ants.

 는 새의 모양으로 만드셨어요.

Birds were made in the image of birds.

그런데

Then,

 는 하나님의 형상대로 만드셨어요.

Human babies were made in the image of God.

그래서 특별해요.

That's why we are so special.

우리는 모든 생명을 소중히 여기며 돌봐야 해요.

That's why we should cherish and take care of all the lives in the world.

'쓰담쓰담' 태아 모형 Fetus models

태아 모형의 태명을 짓고 모형 달걀에 스티커를 붙여 보세요.
Give a birth name to your fetus model and paste a name sticker on its plastic egg shell.

＊ 준비물

태아 모형(책에 동봉), '태명' 스티커(97쪽), 모형 달걀&네임펜(별도 구매)

＊ 진행 방법

❶ 태아 모형을 쓰다듬으며 하나님께서 창조하신
   모든 사람의 생명을 소중하게 여기는 마음을 가르쳐 주세요.

❷ 모형 달걀에 태아 모형을 넣게 해 주세요.

❸ 태명을 짓고 태명 스티커에 이름을 적게 한 뒤, 모형 달걀에 스티커를 붙여 주세요.

❹ 큰 소리로 "생명을 소중하게 지키겠어요"하고 외치게 하세요.

※심콩이를 클레이로 만들며 촉감을 느껴 보아도 좋아요.

기도하라 LET'S PRAY

축복송

"모든 사람의 생명은 귀하단다"라고
말씀해 주신 하나님, 감사해요.
엄마 배 속에 있는 아기에게도 생명이 있어요.
모든 생명은 소중해요.
성령님, 제가 하나님의 말씀대로
모든 생명을 소중하게 여기고,
잘 지켜 줄 수 있도록 도와주세요.
예수님의 이름으로 기도합니다. 아멘!

Dear God,
Thank you for saying "The life of every person
is precious."
A baby in mommy's tummy has life, too.
All life is precious, indeed.
Holy Spirit, please help us cherish and
protect the life of all people, as God has
commanded.
In Jesus' name we pray. Amen!

Tip

❶ 아이들이 선생님을 따라 소리 내어 기도하도록 지도해 주세요.

❷ QR 코드를 스캔하여 교사가 축복송을 불러 주며 공과를 마무리해 주세요.

Chapter 2

Men and Women

과

남 여

오프닝

2과 남자와 여자로 만드셨어요!
GOD MADE US MEN AND WOMEN!

암송송

'남자와 여자의 성별은 하나님이 우리에게 주신 귀한 선물이에요.'
우리가 남자와 여자로 태어난 것이 하나님의 창조 계획 가운데 있음을
알고 깨달아 하나님의 창조 질서에 맞게 살아가도록 가르쳐 주세요.

암송 말씀: 하나님이 자기 형상 곧 하나님의 형상대로 사람을 창조하시되 남자와 여자를 창조하시고... 하나님이 지으신 그 모든 것을 보시니 보시기에 심히 좋았더라(창세기 1:27, 31상)

So God created man in his own image, in the image of God he created him; male and female he created them. God saw all that he had made, and it was very good. [Genesis 1:27, 31a]

하나님께서 남자인 아담과 여자인 하와를 창조하셨으므로 성별은 하나님만이 부여하실 수 있는 것임을 가르칩니다. 남녀의 성별은 태아가 수정될 때 결정되는 것으로 주어진 성별은 사람의 편의에 따라 바꿀 수 없습니다. 그러므로 성별은 사람이 마음대로 바꿀 수 없는 것임을 강조해 주십시오. 본문에서 '트랜스젠더리즘'을 직접적으로 언급하지는 않지만, 이 부분을 염두에 두고 가르쳐 주십시오.

모여라 LET'S GATHER

딩동송

무엇이 들어 있을까요? 〈색깔 편〉
What lies inside the Welcome Box? <Gifts of Colors>

＊준비물과 진행 방법
❶ 공과 전에 다양한 색감을 느낄 수 있는 물건들을
   웰컴 박스에 넣어 준비해 주세요(다양한 색깔의 포장지도 좋아요).
❷ 딩동송을 부르며 아이들을 환영해 주세요.
❸ 웰컴 박스에서 선물을 꺼내 친구들에게 보여 주세요.
❹ 색깔 선물을 주신 하나님께
   감사 기도를 드린 후 '펼쳐라'를 시작하세요.

설렘으로 가슴이
두근두근, 콩닥콩닥

웰컴 박스

 펼쳐라 LET'S OPEN UP THE BIBLE ①

스토리

나는 아담이에요. 하나님께서 남자로 만드셨어요.
쉿! 하나님께서 내 몸 수많은 세포 안에
남자임을 알 수 있는 암호를 넣어 주셨어요.
그래서 나, 아담은 와우! 좋은 남편이 될 수 있어요.
우와! 좋은 아빠가 될 수 있어요.
궁금해요. 궁금해요.
좋은 남편이 될 아담의 모습!
궁금해요. 궁금해요.
좋은 아빠가 될 아담의 모습!

I am Adam. God created me to be a man.
Shh! God put a secret code into the
countless cells in my body. The code is
what makes me a man.
So I, Adam, can be a good husband! I can
be a good father!
I wonder; I wonder. What a good husband
Adam is going to be!
I wonder; I wonder. What a good father
Adam is going to be!

아담을 색칠해 주세요

 아담을 남자로 만드신 분은 누구인가요?
Who made Adam a man?

 남자로 태어난 나를 여자로 바꿀 수 있을까요?
I was born a boy, then can I change into a girl?

 Tip ❶ 성경 이야기를 교사가 읽어 주거나 QR코드를 스캔하여 오디오 파일로 들려주세요.
❷ '하나님'을 따라 쓴 후 교사가 "하나님께서 아담을 보시고 '좋구나 참 좋구나' 하고
   말씀하셨어요."라고 이야기해 주세요.
❸ 아이들과 함께 "남자로 태어난 나를 여자로 바꿀 수 없어요"를 외치며 마무리하세요.

알쏭달쏭
It is so puzzling!
아담의 세포 안에 있는 암호는 무엇일까요?
What is the secret code in Adam's body cells?

상자의 뚜껑을 열면서 힌트를 찾아가면
Fold up the tips of the box on the next page and you will find a hint.

"아하, 그렇구나"
"Aha, that's it."

아담의 몸속에 심긴 암호가 무엇인지 알 수 있어요.
You can tell what secret codes Adam has in his body.

 ❶ 공과 전에 부록 2-1(81쪽)을 4조각으로 오린 뒤 41쪽 그림에 번호 순서대로 뚜껑을 덮듯이 붙여 주세요.
❷ 아이들과 상자 뚜껑을 번호 순서대로 하나씩 열면서 뚜껑 안쪽에 쓰인 문제를 풀어 주세요.
❸ 뚜껑을 다 열고나면 바닥에 나타나는 XY 염색체 그림에 색을 칠하여 완성한 후에 뚜껑을 모두 닫고,
　그 위에 부록의 'XY 잠금' 스티커(97쪽)를 붙여 고정해 주세요.

"나는 누구일까요?"

Guess Who I Am!

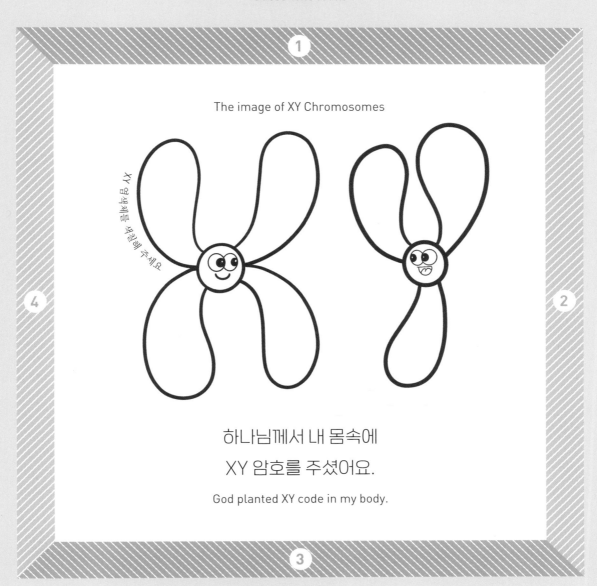

The image of XY Chromosomes

XY 염색체를 색칠해 주세요.

하나님께서 내 몸속에
XY 암호를 주셨어요.

God planted XY code in my body.

 **펼쳐라** LET'S OPEN UP THE BIBLE ②

스토리

나는 하와예요. 하나님께서 여자로 만드셨어요.

쉿! 하나님께서 내 몸 수많은 세포 안에

여자임을 알 수 있는 암호를 넣어 주셨어요.

그래서 나, 하와는 와우! 좋은 아내가 될 수 있어요.

우와! 좋은 엄마가 될 수 있어요.

궁금해요. 궁금해요.

좋은 아내가 될 하와의 모습!

궁금해요. 궁금해요.

좋은 엄마가 될 하와의 모습!

I am Eve. God created me to be a woman.
Shh! God put a secret code into the
countless cells in my body. The code is
what makes me a woman.
So I, Eve, can be a good wife! I can be a
good mother!
I wonder; I wonder. What a good wife Eve
is going to be!
I wonder; I wonder. What a good mother
Eve is going to be!

하와를 색칠해 주세요.

 하와를 여자로 만드신 분은 누구인가요?
Who made Eve a woman?

 여자로 태어난 나를 남자로 바꿀 수 있을까요?
I was born a girl, then can I change into a boy?

 Tip
❶ 성경 이야기를 교사가 읽어 주거나 QR코드를 스캔하여 오디오 파일로 들려주세요.
❷ "하나님"을 따라 쓴 후 교사가 "하나님께서 하와를 보시고 '좋구나 참 좋구나' 하고 말씀하셨어요"라고 이야기해 주세요.
❸ 아이들과 함께 "여자로 태어난 나를 남자로 바꿀 수 없어요"를 외치며 마무리하세요.

알쏭달쏭
It is so puzzling!
하와의 세포 안에 있는 암호는 무엇일까요?
What is the secret code in Eve's body cells?

상자의 뚜껑을 열면서 힌트를 찾아가면
Fold up the tips of the box on the next page and you will find a hint.

"아하, 그렇구나"
"Aha, that's it."

하와의 몸속에 심긴 암호가 무엇인지 알 수 있어요.
You can tell what secret code Eve has in her body.

> **Tip** ❶ 공과 전에 부록 2-2(83쪽)를 4조각으로 오린 뒤 45쪽 그림에 번호 순서대로 뚜껑을 덮듯이 붙여 주세요.
> ❷ 아이들과 상자 뚜껑을 번호 순서대로 하나씩 열면서 뚜껑 안쪽에 쓰인 문제를 풀어 주세요.
> ❸ 뚜껑을 다 열고나면 바닥에 나타나는 XX 염색체 그림에 색을 칠하여 완성한 후에 뚜껑을 모두 닫고,
>   그 위에 부록의 'XX 잠금' 스티커(97쪽)를 붙여 고정해 주세요.

"나는 누구일까요?"

Guess Who I Am!

The image of XX Chromosomes

XX 염색체를 색칠해 주세요.

하나님께서 내 몸속에
XX 암호를 주셨어요.

God planted XX code in my body.

말씀을 읽은 후 하나님께서 각자에게 주신 소중한 염색체를 확인하세요.

After reading the following verses, check out what chromosomes each person has.

"하나님이 자기 형상 곧 하나님의 형상대로 사람을 창조하시되

남자와 여자를 창조하시고 … 하나님이 지으신 그 모든 것을 보시니 보시기에 심히 좋았더라"(창세기 1:27, 31상).

"So God created man in his own image, in the image of God he created him;
male and female he created them … God saw all that he had made, and it was very good."
[Genesis 1:27, 31a]

 할머니의 염색체는 ☒ ☒ 이고,

Grandma has XX chromosomes.

할아버지의 염색체는 ☒ ☒ 예요.

Grandpa has XY chromosomes.

엄마의 염색체는 ☒ ☒ 이고, 아빠의 염색체는 ☒ ☒ 예요

Mom has XX, and dad has XY chromosomes.

내 염색체는 ☒ ☐ 예요

Mine is XX/ XY.

 Tip
❶ 남자면 XY, 여자면 XX를 쓰게 하세요.

❷ 염색체는 유전자(DNA의 집합체) 정보를 담고 있는 암호로 인간은 23쌍의 염색체를 가졌으며,

그중의 한 쌍이 성별을 결정하는 성염색체임을 설명해 주세요.

조물조물 모루 염색체 Chromosome models

모루로 나의 염색체를 만들어 보세요.

Make your own chromosome model using colored wool twisting wires.

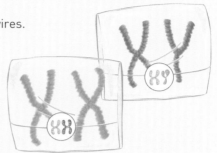

* 준비물
알록달록한 색깔의 모루&포장 비닐(별도 구매), '나의 유전자' 스티커(97쪽)

* 진행 방법
❶ 원하는 색깔의 모루를 선택하게 하세요.

❷ 모루를 엮어 자신의 성염색체 한 쌍을 만들게 하세요.

❸ 모루로 만든 성염색체를 비닐에 담고, 스티커를 붙이게 해 주세요.

❹ "하나님, 나를 ○○로 만들어 주셔서 감사해요."하고 말하게 해 주세요.

기도하라 LET'S PRAY

축복송

하나님, 저는 ☐자라서 참 좋아요.
왜냐하면 하나님이 저를 ☐자로 태어나도록
계획하고 만드셨기 때문이에요.
저를 ☐자로 창조해 주신 하나님 감사합니다.
하나님이 창조하신 멋진 ☐자로
살아갈 수 있도록 성령님, 끝까지 인도해 주세요.
예수님의 이름으로 기도합니다. 아멘!

Dear God,
I am glad to be a boy/girl, because God
planned it and made me so
Thank you, Lord, for making me a boy/girl.
Holy Spirit, please guide me so that I may
become a fine person for all my life.
In Jesus' name we pray. Amen!

Tip
❶ 아이들이 선생님을 따라 소리 내어 기도하도록 지도해 주세요.

❷ QR 코드를 스캔하여 교사가 축복송을 불러 주며 공과를 마무리해 주세요.

Chapter 3
Marriage

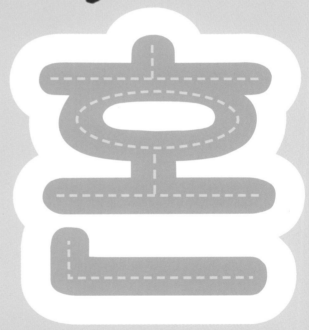

결혼

오프닝

3과 아담과 하와가 결혼했어요!
ADAM AND EVE GOT MARRIED

암송송

'결혼은 하나님이 남자와 여자에게 허락하신 소중한 선물이에요.'
결혼은 하나님이 우리에게 주신 소중한 제도로서 한 남자와 한 여자가 만나
이루어져야 함을 가르쳐 주세요.

암송 말씀: 이러므로 남자가 부모를 떠나 그의 아내와 합하여 둘이 한 몸을 이룰지로다(창세기 2:24)
For this reason a man will leave his father and mother and be united to his wife, and they will become one flesh. [Genesis 2:24]

아담이 혼자 있는 것을 보신 하나님께서 "사람이 혼자 사는 것이 좋지 아니하니" 아담을 위해 "돕는 배필"인 하와를 만들어 주셨음을 알게 합니다(창 2:18). 남자인 아담과 여자인 하와가 만나 결혼하여 한 가정을 꾸리는 것이 하나님의 계획이며 하나님의 섭리임을 정확하게 가르쳐 주세요. 남자와 남자 또는 여자와 여자는 결혼할 수 없으며, 한 남자와 한 여자가 결혼하는 것임을 강조해서 알려 주세요. 본문에서 '동성애'를 직접적으로 언급하지는 않지만 교사는 동성애가 하나님의 창조 질서에 위배되는 것임을 인지하고 있어야 합니다.

모여라 LET'S GATHER

딩동송

무엇이 들어 있을까요? 〈한 쌍 편〉
What lies inside the Welcome Box? 〈Gifts in Pairs〉

＊ 준비물과 진행 방법
❶ 공과 전에 세모, 네모, 동그라미 등 다양한 모양의 물건들을
   한 쌍씩 준비해서 웰컴 박스에 넣어 주세요.(예, 세모 삼각자와 삼각 김밥틀)
❷ 딩동송을 부르며 아이들을 환영해 주세요.
❸ 웰컴 박스에서 같은 모양의 선물 한 쌍을 고르게 하고,
   서로 보여 주며 어떤 모양인지 말하게 하세요.
❹ 한 쌍을 이루도록 해 주신 하나님께 감사 기도를 드린 후
   '펼쳐라'를 시작하세요.

설렘으로 가슴이
두근두근, 콩닥콩닥

웰컴 박스

 펼쳐라 LET'S OPEN UP THE BIBLE

스토리

짹짹짹짹 참새, 개굴개굴 개구리, 어흥 호랑이,
여기저기서 흥겨운 노랫소리가 들려요.
오른쪽에 있는 토끼도 암컷과 수컷이 쌍을 이루어요.
왼쪽에 있는 사슴도 암컷과 수컷이 쌍을 이루어요.
저기 멀리 날아가는 독수리도, 여기 앞에 기어가는
달팽이도,
모두모두 암컷과 수컷이 쌍을 이루어요.
그런데 아담만 배필이 없어요.
하나님께서 생각하셨어요. '아담에게도 배필이
있어야겠구나.'
하나님께서 아담을 깊게 잠들게 하셨어요.
이렇게 아담이 쿨쿨 잠든 사이 하나님께서 아담의
갈비뼈로 하와를 만드시고
하와를 아담에게 돕는 배필로 이끌어 주셨어요.
아담이 배필인 하와를 보니 기뻤어요. 그래서
큰 소리로 고백했어요.
"이는 내 뼈 중의 뼈요, 살 중의 살이로구나."
하나님께서 만드신 남자인 아담과 여자인 하와는
딴딴따단, 딴딴따단 하나님께서 기뻐하시는 행복한
부부가 되었어요.
그래서 이제 아담은 혼자가 아니에요. 하나님께서
보시기에 정말정말 좋으셨어요.

Chirping sparrows, croaking frogs,
roaring tigers~
On this side, rabbits are in pairs, male
and female.
On that side, deer are in pairs, male and
female.
Eagles flying high above the sky, snails
crawling on the ground...
all creatures are paired, one male and
one female.
Only Adam is without a companion.
God thought, "I will create a companion
for Adam"
God caused Adam to fall into a deep
sleep. While he was sleeping, God
took out one of his ribs, made Eve, and
brought her to Adam.
Adam was happy to see Eve, so he
exclaimed, "These are bones from my
bones and flesh from my flesh."
Adam and Eve are man and woman,
created by God.
Dum Dum Dee Dum~ Dum Dum Dee
Dum~
They were a happy couple, and that
pleased God.
So Adam was no longer alone. God saw
that it was good. It was so good.

알록 전에 부록 3-1(85쪽)을 오려 뒤 풀칠한뒤 이 자리에 붙여 주세요.

Tip ❶ 성경 이야기를 교사가 읽어 주거나 QR코드를 스캔하여 오디오 파일로 들려주세요.
❷ 부록 3-1(85쪽)을 오려 풀칠하여 표시된 곳에 붙인 뒤 하나님이 창조하신
한 쌍의 생물들이 사이좋게 지내는 모습을 감상하게 해 주세요.

여기는 에덴동산!
This is the Garden of Eden!
아담과 동물들이 숨바꼭질 놀이를 해요.
Adam and animals are playing hide-and-seek.
쉿! 아담의 발자국을 따라가며
Shhh! Let's follow Adam's footsteps
어떤 동물의 발자국인지 찾아 스티커(97쪽)를 붙여 주세요.
and match animal stickers (found on page 97) to the proper footprint.

시작
START

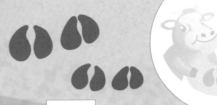

"찾았다. □ (의) 암컷과 수컷 한 쌍"
"I've found a pair of cows!"

"찾았다. 오리 (의) 암컷과 수컷 한 쌍"
"I've found a pair of ducks!"

"찾았다. 여우 (의) 암컷과 수컷 한 쌍"

"I've found a pair of foxes!"

"찾았다. 개 (의) 암컷과 수컷 한 쌍"

"I've found a pair of dogs!"

모든 동물이 암컷과 수컷 한 쌍을 이루었어요.

All animals are paired, male and female.

그런데 아담만 혼자예요.

But Adam is all alone.

Tip 에덴동산에서 모든 동물이 "암컷과 수컷" 한 쌍으로 지내는데, 아담만 혼자 지내고 있음을 알게 해 주세요.

혼자 지내는 아담을 보신 하나님은 어떤 생각을 하셨을까요?
What did God think when he saw Adam all by himself?

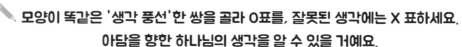

✏️ **모양이 똑같은 '생각 풍선' 한 쌍을 골라 O표를, 잘못된 생각에는 X 표하세요.**

아담을 향한 하나님의 생각을 알 수 있을 거예요.

Draw an "O" on the pairs of speech bubbles with the same shape. Draw an "X" on what is against God's will.
Then you'll understand God's plan for Adam.

"여호와 하나님이 이르시되 사람이 혼자 사는 것이 좋지 아니하니 내가 그를 위하여 돕는 배필을 지으리라 하시니라"(창세기 2:18)

The LORD God said, "It is not good for the man to be alone. I will make a helper suitable for him. [Genesis 2:18]

하나님은 아담이 혼자 사는 것이
God didn't feel good

좋지 않다고 생각하셨어요.
about Adam living all by himself.

그래서 아담을 깊이 잠들게 하시고,
So God had Adam fall asleep,

아담의 갈빗대 하나로 하와를 만드셨어요.
took out one of his ribs, and made Eve out of it.

나는 아담이야!
I'm Adam!

"여호와 하나님이 아담에게서 취하신 그 갈빗대로 여자를 만드시고 그를 아담에게로 이끌어 오시니"(창세기 2:22)
Then the Lord God made a woman from the rib he had taken out of the man,
and he brought her to the man. [Genesis 2:22]

하나님은 하와를 아담에게로 이끌어 주셨어요.
God brought Eve to Adam.

하와 그림(91쪽)을 뜯어서 붙여 주세요.
Cut out the Eve figure on page 91 and paste it next to Adam.

아담이 하와에게 씩씩하게 고백할 거예요.
Then Adam will confess his love for Eve.

이 여자는 '내 뼈 중의 뼈요
This is now bone of my bones

살 중의 살'이로구나(창세기 2:23)
and flesh of my flesh. [Genesis 2:23]

나는 하와야!
I'm Eve!

풀 칠
(91쪽, 부록 3-2)

하나님의 계획으로 남자인 아담과 여자인 하와가 만났어요.
As God planned, Adam and Eve met as husband and wife.

한 쌍이 된 아담과 하와를 축하해 주세요.
Let's congratulate them on their union.

"남자가 부모를 떠나
A man will leave his father and mother

그의 아내와 합하여 둘이 한 몸을 이룰지로다"
and be united to his wife, and they will become one flesh.

(창세기 2:24)
[Genesis 2:24]

 말풍선에 있는 하나님의 말씀을 읽고, 다음 빈칸에 어울리는 낱말을 적어 보세요.
Read the word of God in the speech bubble above and fill in the blank.

| 결 | 혼 | 은 하나님의 계획이자 하나님의 선물이랍니다.

Marriage is not just God's plan but also his gift.

행복한 한 쌍이 된 아담과 하와를 보고, 이렇게 다짐해 보세요!
Look at the happy couple, Adam and Eve. Promise yourself to one day be like that.

 "하나님이 창조하신 남자와 여자가 결혼하여 가정을 이루는 것을 배웠어요.
"Dear God, I learned that a man and a woman get married and make a family.

나도 하나님이 기뻐하시는 가 정 을 이루겠어요."
I will also make a family pleasing in God's sight."

Tip 하나님의 계획은 한 남자와 한 여자가 만나 결혼하는 것임을 알고 깨달아
장차 하나님의 창조 질서에 맞게 결혼할 것을 다짐하게 하세요.

 활동하라 LET'S ACT

하나님께서 계획하신 결혼은 어떻게 이루어져야 할까요?
맞으면 O, 틀리면 X 표하세요.
What is the marriage planned by God like? Write O if the answer is Yes, or X if it is No.

✎ 남자끼리 결혼할 수 있을까요?
Can a man marry a man?

O / X

여자끼리 결혼할 수 있을까요?
Can a woman marry a woman?

O / X

남자와 여자가 만나 결혼할 수 있을까요?
Can a man marry a woman?

O / X

✎ 결혼은 하나님의 선물이며 한 남 자 와 한 여 자 가 만나

결혼하는 것이 하나님의 계획이에요.
Marriage is God's gift. And a marriage between a man and a woman is the kind of marriage that God wants.

말씀 칠교놀이 Tangram Puzzle Game

말씀 칠교판을 집 모양으로 만들며 결혼에 관한 하나님의 말씀을 확인해 보세요.

Make a house with the pieces of the Tangram Puzzle and check what God said about marriage.

* 준비물

부록 3-3(87쪽)의 말씀 칠교판

* 진행 방법

❶ 공과 전에 말씀 칠교판을 7조각으로 오려 준비해 주세요.

❷ 칠교판 조각들을 흩어 놓았다가 61쪽의 집 모양대로 맞추어 말씀을 완성하게 해 주세요.

❸ 하나님의 말씀대로 한 남자와 한 여자가 만나 한 가정을 이룰 것을 다짐하게 하세요.

❹ 평소에도 말씀 칠교놀이를 하며 말씀을 암송하도록 도와 주세요.

 **기도하라** LET'S PRAY

축복송

아담과 하와를 '배필'로 맺어 주신 것처럼,
'결혼'을 우리에게 선물로 주셔서 감사해요.
남자끼리는 결혼할 수 없어요.
여자끼리도 결혼할 수 없어요.
한 남자와 한 여자가 결혼해야만 해요.
성령님, 하나님의 창조 질서를
소중히 여기고 지켜 나가는
하나님의 아이로 자라도록 인도해 주세요.
예수님의 이름으로 기도합니다. 아멘!

Dear God,
As you married Adam and Eve,
you bring people together to marry and live as a couple.
Thank you for giving us marriage as a precious gift.
A man can't marry a man.
A woman can't marry a woman.
A union between a man and a woman is the kind of marriage that God wants.
Holy Spirit, guide me to grow as a child of God,
value God's creation order and live by it.
In Jesus' name we pray. Amen!

Tip ❶ 아이들이 선생님을 따라 소리 내어 기도하도록 지도해 주세요.

❷ QR 코드를 스캔하여 교사가 축복송을 불러 주며 공과를 마무리해 주세요.

Chapter 4
Self Control

절제

오프닝

4과 우리 몸은 하나님의 것이에요!

OUR BODIES BELONG TO GOD

 암송송

'하나님의 말씀으로 우리 몸과 마음을 음란물로부터 보호해요.'

음란물은 선악과처럼 먹음직하고 보암직해 보이지만,

결국은 우리 몸과 마음을 병들게 함을 알고 깨달아

하나님의 말씀으로 자신의 몸과 생각을 지키도록 가르쳐 주세요.

암송 말씀: 선악을 알게 하는 나무의 열매는 먹지 말라 네가 먹는 날에는 반드시 죽으리라 하시니라(창세기 2:17)

But you must not eat from the tree of the knowledge of good and evil, for when you eat of it you will surely die. [Genesis 2:17]

우리 몸은 하나님이 주신 소중한 것임을 알고, 자신의 몸을 소중하게 돌보고 가꾸어 가야 함을 가르칩니다. 특별히 주변에서 쉽게 접할 수 있는 음란물로 인해 아이들이 자기도 모르게 몸과 생각을 망가뜨리는 일이 없도록 삶 속에서 자신을 돌봐야 함을 강조해 주십시오. 우리 몸은 하나님의 성령이 거하시는 거룩한 성전임을 알게 해 주세요.

모여라 LET'S GATHER

딩동송

무엇이 들어 있을까요? 〈미각 편〉

What lies inside the Welcome Box? 〈Gifts of Taste〉

* 준비물과 진행 방법

❶ 공과 전에 초콜릿, 사탕, 과자 등 여러 종류의 맛있는 간식들을 준비해서 웰컴 박스에 넣어 주세요.

❷ 딩동송을 부르며 아이들을 환영해 주세요.

❸ 아이들에게 평소에 먹고 싶었거나 맛있어 보이는 간식이 무엇인지 물어보고, 웰컴 박스에서 마음에 드는 선물을 골라 꺼내게 하세요.

❹ 미각 선물을 주신 하나님께 감사 기도를 드린 후 '펼쳐라'를 시작하세요.

설렘으로 가슴이 두근두근, 콩닥콩닥

웰컴 박스

펼쳐라 LET'S OPEN UP THE BIBLE

스토리

하나님, 오늘은 달콤한 포도를 먹겠어요. 그러렴.

하나님, 오늘은 시원한 수박을 먹겠어요. 그러렴.

하나님, 오늘은 새콤한 귤을 먹겠어요. 그러렴.

아담과 하와는 오늘도 맛있는 과일을 먹어요.

에덴동산에 있는 모든 열매를 먹을 수 있도록

하나님께서 허락하셨어요.

하지만 먹으면 안 되는 것이 있어요. 동산 중앙에 있는

선악과는 먹으면 안 돼요.

하나님께서 "선악과는 먹으면 안 돼"라고 말씀하셨기

때문이에요.

하지만 선악과는 너무 보암직해요.

선악과는 너무 먹음직해요.

아담과 하와는 유혹을 물리치지 못했어요.

선악과를 따먹은 아담과 하와의 불순종으로

이 세상에 죄가 들어왔어요.

이 세상에 죽음이 들어왔어요.

하나님께서 "안 돼"라고 말씀하신 것은 우리를 위한

것이었는데, 그만 그 말씀에 불순종했어요.

'아무리 보암직해도 따 먹지 말 걸 그랬어.' '아무리

먹음직해도 따 먹지 말 걸 그랬어.'

아담과 하와가 후회했어요.

"Lord, may I eat sweet grapes today?"
"Of course."
"Lord, may I have cool watermelon today?"
"Go right ahead."
"Lord, may me try a sour tangerine today?"
"Certainly."
Adam and Eve are eating delicious fruit today,
as usual.
God allowed them to eat any fruit in the Garden of
Eden, except one.
There was one fruit they were not allowed to eat.
It was the fruit from the tree of the knowledge of
good and evil in the middle of the garden.
God forbid them from partaking in this fruit.
But the fruit from the tree of knowledge of good
and evil was so pleasing to look at.
It looked so delicious to eat. So, Adam and Eve
couldn't resist the temptation.
They disobeyed God by eating the forbidden fruit.
Their act brought sin into the world and death into
the world.
"God forbade us from eating the fruit, because
that was good for us. But we disobeyed Him."
"We shouldn't have eaten the fruit no matter how
delicious it looked. We shouldn't have eaten it no
matter how pleasing it was to the eye," regretted
Adam and Eve.

Tip 성경 이야기를 교사가 읽어 주거나 QR코드를 스캔하여 오디오 파일로 들려주세요.

 하나님은 에덴동산의 각종 열매를 마음껏 먹게 하셨지만,
God allowed Adam and Eve to eat fruit in the Garden of Eden except for one.

먹으면 안 되는 것이 있었어요. 무엇일까요?  예요.
What was it? It was the fruit from the tree of knowledge of good and evil.

왜 먹으면 안 될까요? 과일들을 열어 보면 알 수 있어요.
Why did God forbid them from eating it? Cut the fruits open and you will see why.

풀 칠
(89쪽, 부록 4-1)

나는 먹음직한 수박
A delicious-looking watermelon

나는 먹음직한 오렌지
A delicious-looking orange

풀 칠
(89쪽, 부록 4-2)

> **Tip** 공과 전에 부록(89쪽)의 과일 그림들을 오려서 접은 뒤 껍질이 밖으로 보이도록 붙여 주세요.
> 각 과일의 껍질을 열며 그 맛을 묘사하게 해 주세요.

풀 칠
(89쪽, 부록 4-3)

나는 먹음직한 파인애플
A delicious-looking pineapple

나는 먹음직한 선악과
The delicious-looking fruit
from the tree of knowledge of good and evil

풀 칠
(89쪽, 부록 4-4)

선악과를 따 먹으면 안 되는 이유가 있어요.
There is a reason why the fruit of the knowledge of good and evil is a forbidden fruit.

하나님이 선악과를 먹는 날에는 "네가 반드시 죽으리라"라고 말씀하셨기 때문이에요.
It was because God said, "If you eat the fruit, you shall surely die."

 Tip 하나님의 말씀을 어기고 먹음직도 하고 보암직도 한 것을 먹었을 때, 이 세상에 죽음이 들어왔음을 들려주세요.

우리 눈에 보암직하지만, 보면 안 되는 것들이 있어요.

There are some things that look so pleasing, but you should not watch them.

왜 그럴까요? 미디어 기기들을 열어 보면 알 수 있어요.

Why is it that? Open the digital media devices below and you will see why.

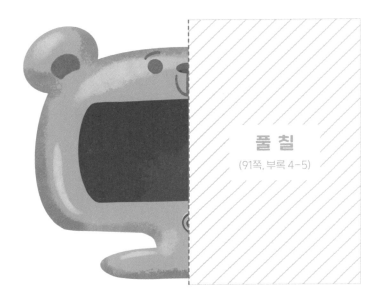

풀 칠
(91쪽, 부록 4-5)

나는 보암직한 TV

A TV attracting your eyes

나는 보암직한 휴대폰

A smartphone full of luring programs

풀 칠
(91쪽, 부록 4-6)

Tip 공과 전에 색연필(혹은 사인펜)을 준비하고, 부록(91쪽)의 그림들을 오려서 접은 뒤 해
당하는 곳에 각각 붙여 주세요. 미디어 기기를 하나씩 열어 안쪽에 쓰인 문구를 소
리 내어 읽은 뒤 색연필(혹은 사인펜)로 X표를 그리게 해 주세요.

나는 보암직한 컴퓨터
A computer that shows seducing scenes

풀 칠
(91쪽, 부록 4-7)

한 번 보면 자꾸 보게 돼요.
Once you watch them, it will be hard to resist watching them again and again.

자꾸 보면 따라 하게 돼요.
If you keep watching it, you come to mimic what you've seen.

계속 보다 보면 뇌가 망가져요.
If you keep watching it, your brain will be damaged.

이제 하나님의 말씀으로 절제해요!
Bear in mind the word of God and abstain from watching inappropriate things!

"너희는 너희가 하나님의 성전인 것과 하나님의 성령이 너희 안에 계시는 것을 알지 못하느냐
… 하나님의 성전은 거룩하니 너희도 그러하니라"(고전 3:16-17하)

Don't you know that you yourselves are God's temple and that God's Spirit lives in you?
For God's temple is sacred, and you are that temple. (1 Corinthians 3:16-17b)

 위의 성경 구절을 읽게 하고, 우리 몸이 하나님의 성전인 것과
성령님이 거하시는 거룩한 곳임을 알도록 강조해 주세요.

스마트폰과 미디어는 우리에게 많은 것을 보여 줘요.
Smartphones and digital media show us many things.
그런데 보여 주는 대로 다 봐도 좋을까요?
But are you supposed to watch anything they show us?

무서운 장면으로 두려움에 떨게 만드는 것은 보면 **"안 돼요!"**
You must "NOT" watch something that makes you scared by horrible scene.

폭력으로 남을 괴롭히는 것은 보면 **"안 돼요!"**
You must "NOT" watch violence scenes against people

벗은 몸을 보여 주어 부끄럽게 만드는 것은 보면 **"안 돼요!"**
You must "NOT" watch someone else's naked body.

우리 몸과 생각은 소중하기 때문이에요.
Because our bodies and minds are precious.

 두 팔로 X표를 하며 "안 돼요!"를 외치게 하세요.

말씀 액자 만들기 Making a Frame Containing the God's Word!

보암직한 것들이 유혹할 때마다 말씀으로 이겨 보세요.

Whenever you are faced with tempting materials, guard your mind and thought with God's word.

* 준비물
부록 4-8(93쪽)의 말씀 액자, 색연필&스티로폼 콘&풀 등(별도 구매)

* 진행 방법
❶ 말씀 액자의 글씨를 예쁘게 색칠하게 해 주세요.

❷ 말씀 액자의 가장자리에 스티로폼 콘을 붙여 꾸미게 하세요.

❸ 완성 후 액자에 쓰인 성경 구절을 큰 소리로 읽게 하세요.

❹ 완성된 액자를 집에서 자주 쓰는 미디어 기기 옆에 걸어 두게 하세요.

❺ 보암직한 것들이 우리를 유혹할 때마다 말씀을 읽고 암송하게 해 주세요.

스티로폼 콘
꾸미기 예시

 ## 기도하라 LET'S PRAY

축복송

하나님, 미디어에서 보여 주는 것들은
보암직한 것이 너무 많아요.
하지만 아무거나 다 봐서는 안 돼요.
독처럼 내 안에 들어와 내 몸과 영혼을
망가뜨리는 것도 있기 때문이에요.
하나님이 만드신 내 몸과 영혼은 너무 소중해요.
성령님, 보아야 할 것들만 보도록 인도해 주세요.
예수님의 이름으로 기도합니다. 아멘!

Dear God,
There are so many things that look pleasing on the media.
But I know that I should not watch it all.
I know there are things that would ruin my body and soul like a poison.
My body and soul were created by God.
Holy Spirit, guide me to see what is good for me and pleasing to your sight.
In Jesus' name we pray. Amen!

> **Tip** ❶ 아이들이 선생님을 따라 소리 내어 기도하도록 지도해 주세요.
> ❷ QR 코드를 스캔하여 교사가 축복송을 불러 주며 공과를 마무리해 주세요.

교사를 위한 팁 PLUS

1과

원래 : 하나님은 인간과 천하 만물을 창조하신 분입니다. 하나님이 만드신 모든 피조물 가운데서 하나님의 창조 질서를 발견할 수 있습니다. 개미는 개미의 모습대로, 새는 새의 모습대로, 나무는 나무의 모습대로 만들어졌습니다. 그러나 인간은 다른 피조물들과는 확연히 다르게도 하나님의 형상대로 지음받은 유일한 존재입니다. 예수님은 천하 만물보다 한 사람의 생명이 귀하다고 말씀하십니다. 또한 우리의 이웃, 즉 하나님의 형상대로 지음받은 유일한 존재인 그들을 내 몸처럼 사랑하는 것이 하나님을 사랑하는 길이라고 말씀하고 계십니다.

성경은 하나님이 창세전에 우리를 그리스도 안에서 이미 택하셨고(엡 1:4), 우리 "형질이 이루어지기 전에"(시 139:16) 이미 우리를 보셨다고 말합니다. "내가 너를 모태에 짓기 전에 너를 알았고 네가 배에서 나오기 전에 너를 성별하였고 너를 여러 나라의 선지자로 세웠노라 하시기로"(렘 1:5). 하나님이 십계명에서 "살인하지 말라"고 명하신 이유는 사람이 하나님의 형상대로 빚어진 존재이기 때문입니다.

그러나 : 안타깝게도 어떤 사람들은 자신의 이기심과 욕심으로 눈이 어두워져 하나님의 형상이 깃든 수많은 생명을 죽이는 일을 하고 있습니다. 낙태는 태중의 생명을 죽이는 일입니다. 그럼에도 불구하고, 세상에서는 태아를 죽이는 것이 마치 '먼저 태어난 자들의 권리'인 양 주장하며 낙태를 합법화하기 위하여 온갖 노력을 기울입니다. 그들은 인권 보호를 위해 낙태, 즉 태중의 아기를 죽이는 일을 허용해야 한다고 주장하지만, 하나님은 분명히 태아도 하나님의 형상대로 창조한 사람이며 살인은 죄라고 말씀하십니다.

그러므로 : 태중의 아기나 이미 태어난 아기나 모두 하나님의 형상이 깃든 소중한 생명임을 어릴 때부터 가르쳐야 합니다. 하나님은 죄와 사망의 법에서 우리 생명을 구원하시고자 이 땅에 성육신하여 오셨습니다. 그분이 바로 예수 그리스도입니다. "우리가 아직 죄인 되었을 때에 그리스도께서 우리를 위하여 죽으심으로 하나님께서 우리에 대한 자기의 사랑을 확증"(롬 5:8)하실 만큼 하나님은 한 영혼, 한 영혼을 사랑하십니다. 우리도 하나님의 사랑을 본받아 태아처럼 작고 힘없는 생명도 귀히 여기며 진정으로 사랑해야 합니다.

2과

원래 : 하나님은 사람을 "남자와 여자"(창 5:2)로 창조하셨습니다. 또한, 남자와 여자에게 성별에 따른 특별함과 기능적 질서를 부여해 주셨습니다. 남녀 성별은 정자와 난자가 수정된 때부터 이미 결정됩니다. 하나님은 성염색체뿐 아니라 6,000개가 넘는 유전자에도 남자와 여자의 다른 표식을 심어 놓으셨습니다. 그리하여 생식기를 비롯하여 장기, 근육, 뼈, 호르몬 등에서 남녀의 두드러진 차이를 볼 수 있습니다. 그 결과, 직업군이나 취미 영역이나 교회 봉사 등 삶의 여러 분야에서 남녀의 비율이 다르게 나타나기도 합니다.

그러나 : 최근 잘못된 성교육 커리큘럼과 매스 미디어를 통해 남녀 성별 교체가 인권의 하나라는 주장이 널리 퍼지고 있습니다. 그 영향으로 하나님이 각 사람에게 정해 주신 성별을 거부하고, 반대 성별로 교체하고 싶다며 방황하는 청소년들이 해마다 늘고 있습니다. 십 대들 사이에는 자신의 신체를 훼손하는 수술이나 성호르몬 주입 등의 성별 교체 시도가 버젓이 하나의 문화로 자리 잡아 가고 있습니다. 특히 영국에서는 자신의 성별을 바꾸기 위해 상담을 받는 여자 청소년의 비율이 10년 사이에 4,000% 이상 증가하기도 했습니다. 그러나 남녀 성별의 완전한 교체가 의학적으로 가능하리라는 생각은 착각입니다. 성급하게 자신의 신체를 훼손했다가 뒤늦게 후회하고, 원래의 성별로 되돌아가려는 청소년들 역시 급증하고 있습니다.

그러므로 : 타고난 성별은 자유의지로 바꿀 수 있는 영역이 아님을 교육함으로써 하나님의 창조 질서를 어그러뜨리는 각종 교육이나 미디어나 문화에 미혹되지 않도록 도와야 합니다. 또한 남녀 성별이 하나님이 각자에게 주신 아름다운 선물임을 교육하여 자신의 성별에 감사할 수 있도록 지도해야 합니다. 그럼으로써 남녀 대립이 아닌 부부간의 화평, 형제자매 간의 화평, 남녀 간의 화평을 이루도록 도울 수 있습니다. 아이가 하나님이 그에게 주신 성별에 감사하고, 자기 성별에 부여하신 특별함을 잘 발휘할 수 있도록 도와주십시오. 나아가 남자와 여자가 각기 자신의 장점을 잘 살리고, 부족한 점은 서로 보완하며 협력하여 살아갈 수 있도록 가르침으로써 이웃에 하나님의 사랑을 전하고, 그들을 구원의 길로 인도하는 데 기여할 수 있도록 도와야 합니다.

3과

원래 : 하나님은 "모든 사람은 결혼을 귀히 여기고 침소를 더럽히지 않게 하라"(히 13:4)고 명하십니다. 또한 "남자가 부모를 떠나 그의 아내와 합하여 둘이 한 몸을"(창 2:24) 이루라고 말씀하십니다. 이로써 성경적 결혼의 원칙을 명확히 밝히신 것입니다. 즉 한 남자와 한 여자의 결합이야말로 하나님의 창조 질서에 부합한 것입니다. 이것은 오늘날에도 여전히 지켜져야 할 원칙이요 규범입니다. 그러므로 결혼은 "생육하고 번성하여 땅에 충만하라, 땅을 정복하라"(창 1:28)고 하신 하나님의 거룩한 문화 명령에 순종하는 첫 번째 단계라고 할 수 있습니다. 남자와 여자는 결혼을 통해 남편과 아내, 즉 배필이 되어 서로 사랑하고 도움으로써 하나님이 주신 사명을 수행해 나갈 수 있습니다. 성경은 결혼을 귀히 여길 것을 명합니다.

그러나 : 최근 성경적 결혼의 원칙을 왜곡하는 일들이 발생하고 있습니다. 2001년 네덜란드를 필두로 미국, 영국, 캐나다, 호주 등 이른바 선진국들이 동성결혼을 합법화하기 시작하여, 약 30개국에서 동성결혼의 합법화를 추진하고 있습니다. 하나님의 창조 질서에 비추어 볼 때, 동성 결혼은 인간에게 허용된 보편적인 관행이 아니며 죄입니다. 성경 여러 군데에서 동성 간 결혼, 동성 간 성관계를 금하고 있기 때문입니다.
하나님의 창조 질서를 역행하는 동성결혼은 태초에 하나님이 인간에게 주신 성경적 가정의 구성과 자녀 잉태 등의 복락을 누리지 못하게 할 뿐만 아니라 보응을 받게 하는 죄악입니다(롬 1:26~27).

그러므로 : 예수님이 다시 오실 그날까지 성경적 결혼제도를 잘 지켜 가는 나라가 되도록 함께 기도해야 합니다. 또한, 자녀들이 어릴 적부터 하나님이 기뻐하시고 인정하시는 바른 결혼관을 가지도록 교육하여야 합니다. 특히 동성 간의 음행이 죄임을 깨닫고, 하나님이 맺어 주시는 남녀 간의 온전한 연합, 즉 결혼을 통해서 생명과 가정의 지평을 열어 갈 수 있도록 지도해야 합니다.

4과

원래 : 각종 미디어 기기가 우리 자녀의 가까이에 있습니다. 기기들 자체가 나쁘거나 악한 것은 아닙니다. 오히려 고도의 기술력이 응집된 각종 기기를 통해서 미처 알지 못하는 수많은 사람에게 예수님을 전할 수 있고, 이웃에게 선한 정보를 전할 수도 있습니다. 모든 기기와 미디어는 하나님의 선하신 뜻을 이웃과 자녀들에게 전하는 용도로 사용해야 합니다. 이것이 교육의 중요한 포인트입니다.

그러나 : 매스 미디어를 잘못 이용하면 독이 됩니다. 음란물, 폭력물, 공포물 등 아이들의 심령을 악한 길로 이끄는 도구로 전락할 수 있기 때문입니다. 그러므로 아이들이 매스 미디어를 무분별하게 보고 즐기는 것이 아니라 그 속에 분명히 악한 것들이 존재함을 알고, 분별하여 함부로 보거나 전파하지 않도록 어릴 적부터 교육해야 합니다. 음란물 예방 교육이 특히 중요합니다.

2012년, 행정안전부가 〈청소년 성인물 이용 실태 조사〉의 결과를 발표했습니다. 그에 따르면, 우리나라 청소년의 39.5%가 음란물을 본 적이 있는데, 일부는 음란물을 본 뒤에 실제로 따라 해 보고 싶은 충동을 느꼈다거나 변태적인 장면도 자연스럽게 여기게 됐다고 답하는 등 부정적인 결과를 나타냈습니다. 심지어 성추행이나 성폭행 충동을 느꼈다고 말하는 이도 있었습니다.

그뿐만 아니라 음란물을 자주 보는 청소년일수록 성범죄를 저지를 가능성이 높다는 연구 결과도 있습니다. 충북의 7개 고등학교 학생 1,537명을 대상으로 설문 조사를 한 결과, 음란물을 매일 3시간 이상 보는 학생의 절반에 해당하는 47.6%가 성추행을, 35.7%는 강간이나 준강간에 해당하는 행위를 저질렀다고 답했습니다. 이처럼 음란물은 영혼을 미혹하고 죄짓도록 만드는 강력한 사탄의 도구입니다.

그러므로 : 교사는 이러한 사실을 분명히 인지하고, 아이들이 미디어 기기 남용으로 말미암아 죄의 길로 들어서지 않도록 교육해야 합니다. 예수님은 "만일 네 오른 눈이 너로 실족하게 하거든 빼어 내버리라 네 백체 중 하나가 없어지고 온몸이 지옥에 던져지지 않는 것이 유익"(마 5:29)하다고 말씀하시며 죄악에 맞서 싸우라고 단호하게 명령하십니다. 이미 음란물에 자주 노출된 아이가 있다면, 진정한 회개 기도를 드리도록 가르침으로써 사랑이 많으신 용서의 하나님을 만날 수 있도록 도와야 합니다. 또한 악한 것을 보고 즐기지 않겠다는 결단을 통해 말씀에 순종하는 삶을 구체적으로 살아 내도록 도전해 주어야 합니다.

 **APPENDIX**

공과 시작 전에 미리 준비해 주세요.

Please prepare them in advance before each chapter starts.

————————————————— 안으로 접는 선

—·—·—·—·—·—·—·—·—·— 밖으로 접는 선

————————————————— 자르는 선

조용~ 쉿!
Shhh! Be quiet!

선물 상자를 열어 보아요.
Open this Welcome Box

무엇이 들어있을까?
Guess what's inside!

설렘으로 두근두근!
Is your heart thumping?

설렘으로 콩닥콩닥!
Is your heart throbbing?

《12과》 부록 1-1, 표시된 선을 따라 바깥으로 접은 뒤 19쪽 표시된 곳에 붙여 주세요.

하나님은
Who did God

자신이 만든 멋진 세상을
put in charge of

돌보는 일을
taking care of the wonderful world

누구에게 맡기셨을까요?
that he created?

알아맞혀 보세요.
Guess who could that be!

〈1과〉 부록 1-3, 표시된 선을 따라 바깥으로 접은 뒤 29쪽 표시된 곳에 붙여 주세요.

모든 남자가 나를 가지고 있어요
All men have one X and one Y chromosome (XY).

나 때문에
남자로 결정돼요
You are determined to be a
boy if you possess one X and
one Y chromosome.

남자 몸속에 심긴
염색체 이름은 무엇인가요?
What chromosomes do men have?

뒷면(82쪽)의 선 표시대로 오려 주세요.

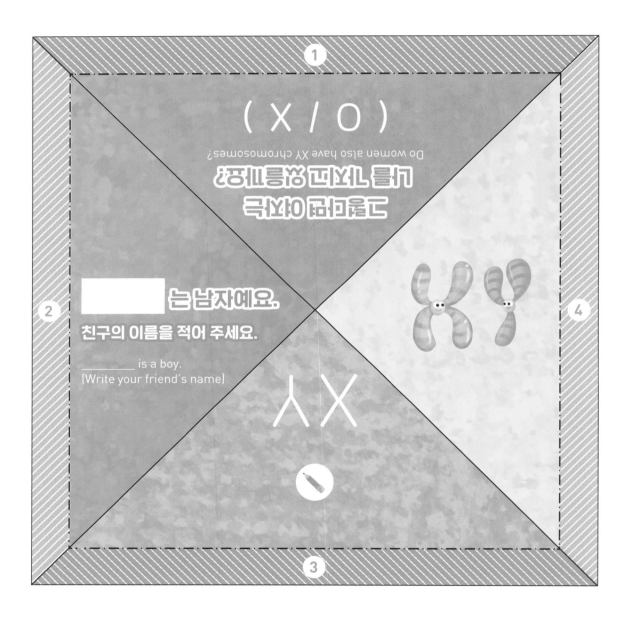

모든 여자가 나를 가지고 있어요
All women have two X chromosomes (XX).

나 때문에
여자로 결정돼요
You are determined to be
a girl if you possess two X
chromosomes.

여자 몸속에 심긴
염색체 이름은 무엇인가요?
What chromosomes do women have?

뒷면(84쪽)의 선 표시대로 오려 주세요.

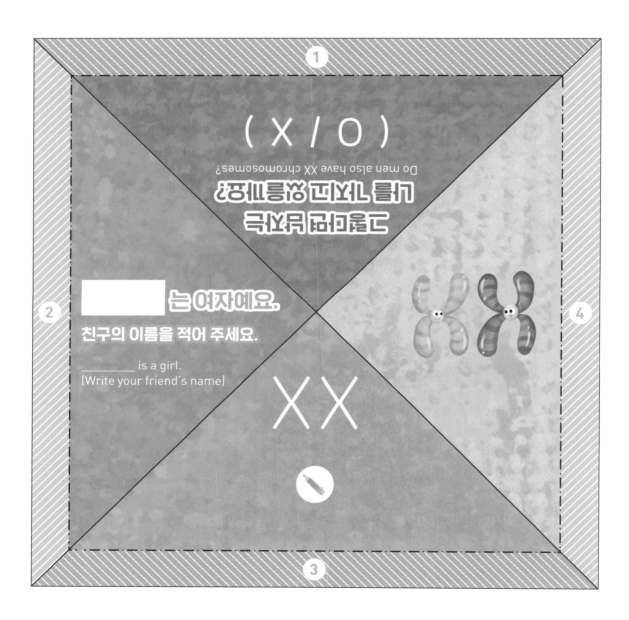

조용~ 쉿!

Shhh! Be quiet!

선물 상자를 열어 보아요.

Open this Welcome Box

무엇이 들어있을까?

Guess what's inside!

설렘으로 두근두근!

Is your heart thumping?

설렘으로 콩닥콩닥!

Is your heart throbbing?

A man will leave his
father and mother and be
united to his wife, and they
will become one flesh.
[Genesis 2:24]

이러므로 남자가

부모를 떠나 그의 아내와 합하여

둘이 한 몸을 이룰지로다

(창세기 2:24)

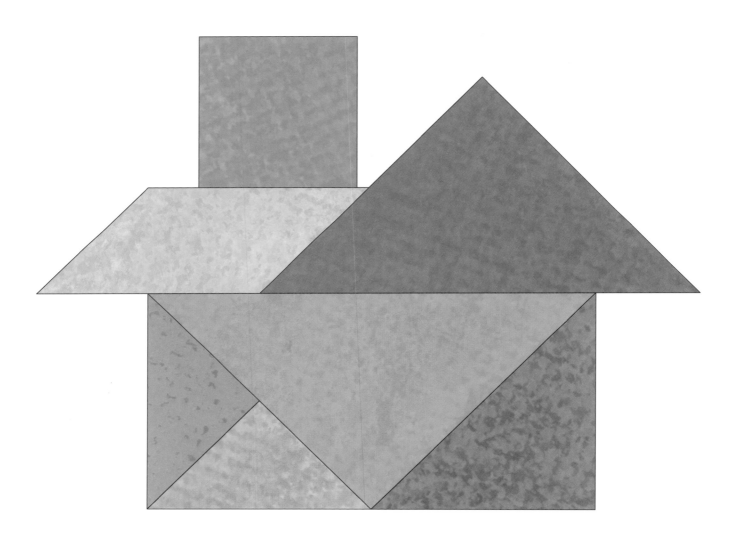

〈1과〉 부록 1-2, 27쪽(새 둥지)

〈4과〉 부록 4-1, 66쪽

풀 칠

〈4과〉 부록 4-2, 66쪽

풀 칠

〈4과〉 부록 4-3, 67쪽

풀 칠

〈4과〉 부록 4-4, 67쪽

풀 칠

풀칠   풀칠   풀칠   풀칠

"새콤하고
상큼해요."
Sweet & Sour

"달고
시원해요."
Sweet & Watery

"선악을 알게 하는 나무의 열매는
먹지 말라 네가 먹는 날에는
반드시 죽으리라"(창세기 2:17)
You must not eat from the tree of
the knowledge of good and evil, for
when you eat of it you will surely
die. (Genesis 2:17)

"향긋하고
달콤해요."

Fruity and Sweet

〈3과〉 부록 3-2, 56쪽(하와 그림)

〈4과〉 부록 4-5, 68쪽

풀칠

〈4과〉 부록 4-6, 68쪽

풀칠

〈4과〉 부록 4-7, 68쪽

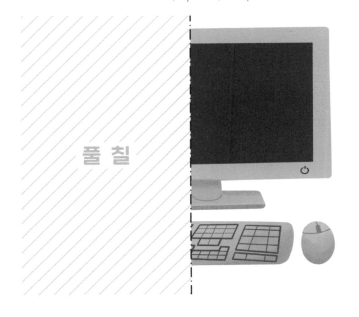

풀칠

"너무 무서운 것을 보여 주고 있어요."
The screen is showing too scary a scene.

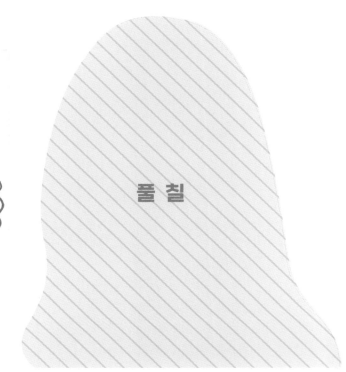

풀 칠

"벗은 몸을 보여 주어 부끄럽게 해요."
Someone else's naked body embarrasses me

"폭력으로 다른 사람을 괴롭혀요."
Someone is using violence against another person

수료증

Certificate of Completion

이 름 Name _____

위 어린이는 기독교 성가치관 교육

"딩동! 선물 왔어요" 과정에 참여하여

하나님의 창조 질서에 따른 가치관을 열심히 배우고

하나님의 말씀대로 살아갈 것을 다짐하였기에

수료증을 주어 칭찬하고 격려합니다.

This acknowledges that _____ has satisfactorily completed

the necessary requirements of study, reading and activity with the "Ding Dong!

Your Present Has Arrived" program

날 짜 Date _____   양육자 Teacher _____

〈1과〉 아담과 하와, 29쪽

〈1과〉 활동하라, 34쪽

〈1과〉 태명 스티커, 35쪽

〈2과〉 잠금 스티커, 41쪽/ 45쪽

〈2과〉 나의 유전자, 47쪽

〈3과〉 동물 발자국, 52-53쪽